◀ John Hancock fue el primero en firmar la Declaración de Independencia.

Contenido

SPANISH LANGUAGE TRANSLATION
Tatiana Acosta/Guillermo Gutiérrez
Claudia Bautista-Nicholas (pages 30–31)

SPANISH LANGUAGE BOOK DEVELOPMENT
Navta Associates, Inc.

BOOK DESIGN/PHOTO RESEARCH
Steve Curtis Design, Inc.

ISBN: 978-0-7362-4904-1

Printed in Mexico.

20 19 18 17 16 15
10 9 8 7 6 5 4 3

Celebramos la independencia

Cada Cuatro de Julio, los estadounidenses tienen una gran fiesta. Organizan barbacoas. Disfrutan viendo los fuegos artificiales. Están celebrando el nacimiento de Estados Unidos.

Estados Unidos se convirtió en una nación tras una guerra con Inglaterra. Esa guerra se llamó la Guerra de Independencia. Fue la guerra en la que Estados Unidos consiguió su libertad.

El Cuatro de Julio no se celebra el inicio ni el final de la Guerra de Independencia. Tampoco se celebra ninguna de las batallas. Lo que los estadounidenses recuerdan entonces es el día en que **declararon** su voluntad de liberarse del dominio inglés.

declarar – decir o anunciar

4

▲ Fuegos artificiales en
Washington, D.C.

En busc

Idea central

La Declaración de Independencia hizo saber a Inglaterra que los americanos deseaban la libertad.

Establecer el propósito

Conocer lo que dice la Declaración de Independencia.

IN CONGRESS.

The unanimous Declaration of the thirteen united

Preguntas para explorar

¿Por qué se escribió la Declaración de Independencia?

¿Qué dice la Declaración de Independencia?

▲ La Declaración de Independencia

▲ El rey Jorge III

En 1776, los americanos tenían un problema. No estaban satisfechos con el rey Jorge III de Inglaterra. El rey Jorge gobernaba en América, pero los americanos querían deshacerse de él. Deseaban gobernarse a sí mismos.

Los americanos tenían que anunciarle al rey que deseaban ser libres. Para ello, redactaron un documento. El documento que redactaron se llama la **Declaración de Independencia**.

Declaración de Independencia – documento que anunciaba que los colonos americanos deseaban liberarse del dominio inglés

7

Colonias en América del Norte

¿Quiénes eran estos americanos? Muchos de ellos procedían de Inglaterra. En 1776, Inglaterra tenía 13 **colonias** en América del Norte. Los habitantes de estas colonias recibían el nombre de **colonos**.

Las colonias eran muy valiosas para Inglaterra. Disponían de recursos naturales que Inglaterra no tenía. Además, los colonos cultivaban plantas que no crecían en Inglaterra. Por esas razones, Inglaterra deseaba mantener el control sobre las colonias.

....

colonia – lugar gobernado por otra nación

colono – persona que vive en una colonia

Las trece colonias

Nueva Hampshire

Nueva York

Massachusetts

Pennsylvania

Rhode Island

Connecticut

Nueva Jersey

Delaware

Maryland

Virginia

América del Norte

Carolina del Norte

Carolina del Sur

Georgia

Océano Atlántico

Legislar y subir impuestos

Al principio, los colonos escuchaban al Rey y obedecían sus leyes. Sin embargo, a muchos colonos no les gustaba obedecer leyes aprobadas en Inglaterra.

En 1763, Inglaterra prohibió a los colonos asentarse más al oeste. Además, subió los impuestos. Los colonos no estaban de acuerdo con estas nuevas leyes. Muchos se negaron a pagar los impuestos, y organizaron **protestas.**

El rey Jorge III envió soldados a las colonias para contener las protestas. Eso enojó aún más a los colonos.

....
protesta – demostración de desagrado por algo

▼ **Unos colonos protestan las leyes inglesas.**

Lucha contra Inglaterra

Poco después, los colonos comenzaron a luchar contra los soldados ingleses. Las primeras batallas se produjeron en Massachusetts en abril de 1775. Los colonos estaban ahora en guerra con Inglaterra. Sin embargo, no todos los colonos estaban seguros de querer separarse de Inglaterra. Algunos pensaban que era mejor seguir obedeciendo al Rey.

▼ Unos colonos combaten contra los ingleses en Lexington, Massachusetts.

El Segundo Congreso Continental

Los colonos eligieron a un pequeño grupo de hombres para dirigir la guerra contra Inglaterra. El grupo recibió el nombre de **Segundo Congreso Continental,** y se reunió en Filadelfia. Los hombres debatieron qué hacer. Algunos de sus miembros querían firmar la paz con Inglaterra. Otros querían liberarse de ella. Finalmente, en junio de 1776, el grupo decidió separarse de Inglaterra.

Segundo Congreso Continental – grupo de líderes que dirigieron la guerra contra Inglaterra

▼ **Algunos miembros del Segundo Congreso Continental se reunieron en este edificio.**

Redacción de la Declaración de Independencia

El Congreso pidió a cinco de sus miembros que redactaran un documento anunciando que América quería gobernarse por sí misma. Este grupo de hombres recibió el nombre de Comité de los Cinco. El documento que redactaron se llama la Declaración de **Independencia**.

Los miembros del comité decidieron que Thomas Jefferson redactara la Declaración. Jefferson procedía de una colonia importante, y la gente pensaba que era el mejor escritor del grupo.

....
independencia – libertad

▼ **El Comité de los Cinco repasa un borrador de la Declaración de Independencia.**

Thomas Jefferson

Un borrador

Thomas Jefferson trabajó con ahínco para preparar un **borrador** de la Declaración. No era una tarea fácil, y se esforzó por encontrar la mejor manera de expresarse. A veces tuvo que tachar algunas palabras y reescribir algo. Cuando terminó, les mostró el documento a los demás miembros del grupo. Éstos sólo añadieron pequeños cambios. Jefferson había hecho un buen trabajo.

· ·

borrador – escrito inicial, que después será corregido

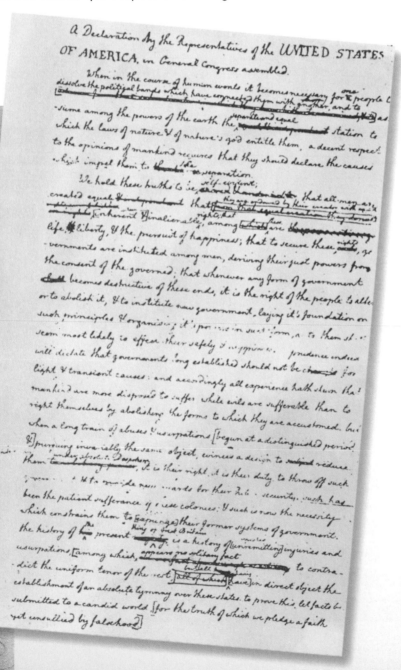

◀ **Aquí vemos algunos de los cambios que Thomas Jefferson hizo en su borrador.**

Las cuatro partes de la Declaración

Parte 1: Introducción El primer párrafo de la Declaración de Independencia anunciaba el propósito del documento. Decía que los colonos querían que el resto del mundo entendiera por qué querían ser libres.

Parte 2: Derechos humanos La segunda parte de la Declaración explicaba que los americanos creían en unos derechos humanos básicos. Decía que todas las personas tenían derecho a "la vida, la **libertad** y la búsqueda de la felicidad". También explicaba que los gobiernos tienen que proteger los derechos humanos básicos.

....
libertad – independencia

Las cuatro partes de la Declaración de Independencia

Introducción
Los colonos escuchan por primera vez la Declaración de Independencia, que dice que las colonias quieren ser libres.

Derechos humanos
Soldados ingleses disparan a una multitud de colonos americanos. Los derechos humanos básicos de los colonos no son respetados.

Parte 3: Lista de acusaciones La tercera parte de la Declaración de Independencia enunciaba todo lo que el rey Jorge III había hecho mal. Algunas de las acusaciones de la lista eran:

- Se ha negado a aprobar leyes que necesitamos.
- Nos ha gravado con impuestos sin nuestro consentimiento.
- Nos ha declarado la guerra.

Parte 4: Declaración de libertad La última parte de la Declaración rompía todos los lazos con Inglaterra. Anunciaba que las antiguas colonias serían libres.

Lista de acusaciones
Los colonos protestan en público contra el Rey de Inglaterra y sus muchas leyes.

Declaración de libertad
Los colonos americanos, molestos con el rey Jorge III, derriban su estatua. Ya no lo consideran su rey.

Voto por la libertad

El 4 de julio de 1776, las colonias votaron a favor de enviar la Declaración al rey Jorge III. Ésa es la razón de que celebremos el Cuatro de Julio como nacimiento de Estados Unidos. Es el día en que los colonos decidieron hacer saber al mundo que deseaban construir una nueva nación.

▼ **El Comité de los Cinco presenta su borrador al Congreso.**

Nacimiento de una nación

Que la Declaración proclamara que Estados Unidos deseaba la libertad no era suficiente. Los colonos tuvieron que luchar en una guerra para lograr esa libertad. Esa guerra se llamó la Guerra de Independencia, y duró hasta 1781. Cuando terminó, Estados Unidos era una nación libre.

▼ George Washington y sus tropas protegen la nueva nación.

¡Piénsenlo!

¿Qué decía la Declaración de Independencia?

Recapitular
Explicar las cuatro partes de la Declaración de Independencia.

Establecer el propósito
Conocer la vida de Thomas Jefferson.

La vida de Thomas Jefferson

Thomas Jefferson nació en 1743. Creció en la **plantación** de su padre, en el oeste de Virginia. Años después, Jefferson redactó la Declaración de Independencia, y se convirtió en el tercer Presidente de Estados Unidos.

plantación – finca de gran tamaño con muchos trabajadores

La educación de Jefferson

Cuando era niño, Thomas Jefferson estudió griego, francés y latín. Le encantaba aprender. A los 16 años empezó a asistir a la universidad en Williamsburg, Virginia. Allí conoció a muchos de los principales políticos de Virginia.

Después de terminar la universidad, Jefferson estudió leyes. Más adelante, regresó al oeste de Virginia para trabajar como abogado. El dinero que ganaba lo empleaba en comprar libros. Leía todo el tiempo.

▼ Estos libros, y muchos otros, pertenecieron a Thomas Jefferson.

Jefferson entra en la política

Jefferson fue elegido para la **asamblea legislativa** de Virginia. Los miembros de la asamblea pronto se dieron cuenta de la capacidad como escritor de Jefferson, y le pidieron que redactara muchas leyes.

Jefferson opinaba que Inglaterra no tenía derecho a controlar las colonias, y protestó muchas de las nuevas leyes e impuestos aprobados por Inglaterra. Fue el enviado de Virginia al Segundo Congreso Continental. Allí redactó la Declaración de Independencia.

....

asamblea legislativa – grupo de personas con capacidad para hacer leyes

◀ **Thomas Jefferson lee un borrador de la Declaración.**

▼ **Jefferson estudió en el *College of William and Mary*.**

21

La vida en casa

Después de redactar la Declaración, Jefferson regresó a su hogar en Virginia. No le interesaba luchar en la guerra. Pensaba que era mejor como **legislador** que como soldado, y tenía razón. Trabajó en el gobierno y, más adelante, fue elegido Presidente.

....

legislador – persona que ayuda a hacer las leyes

▼ La casa de Thomas Jefferson en Virginia se llama Monticello.

El regalo de Jefferson

Thomas Jefferson es famoso por muchas razones. Aunque sirvió a su país durante muchos años, su mayor motivo de orgullo era haber sido el autor de la Declaración de Independencia. Fue su regalo a la nación.

Thomas Jefferson vivió hasta los 83 años. Murió en 1826, cincuenta años después de haber terminado la Declaración. ¿Pueden adivinar qué día murió? ¡Fue el Cuatro de Julio!

◀ El mayor regalo de Jefferson a Estados Unidos fue su capacidad como escritor.

¡Piénsenlo!

¿Por qué consideramos que Thomas Jefferson es importante?

Recapitular
Resumir la vida de Thomas Jefferson.

Establecer el propósito
Leer estos artículos para tener más información sobre Thomas Jefferson y la Declaración de Independencia.

CONEXIÓN: LO QUE APRENDIERON

La Declaración de Independencia

La Declaración de Independencia es uno de los documentos más importantes de la historia de Estados Unidos. Anunciaba que los colonos querían liberarse del gobierno inglés.

Éstas son algunas de las ideas que aprendieron sobre la Declaración de Independencia.

- Los colonos pensaban que las leyes y los impuestos aprobados por el rey Jorge III eran injustos.
- Thomas Jefferson redactó la Declaración de Independencia para hacer saber al Rey cómo pensaban los colonos.
- Para lograr la independencia, los colonos tuvieron que luchar en una guerra contra Inglaterra.
- El Cuatro de Julio se celebra el día en que Estados Unidos declaró su independencia.

Comprobar lo que aprendieron

¿Qué decía la Declaración de Independencia?

▲ Los colonos protestaron contra las leyes y los impuestos aprobados por el rey Jorge III.

▲ Thomas Jefferson redactó la Declaración de Independencia.

▲ Los colonos lucharon para lograr la independencia.

▲ El Cuatro de Julio se celebra la independencia de Estados Unidos.

Los firmantes

El presidente del Congreso Continental fue John Hancock. Él fue el primero en firmar la Declaración de Independencia. Los demás miembros del Congreso pusieron su firma según su lugar de procedencia. Los miembros de los estados del norte firmaron antes que los de los estados del sur.

▼ **John Hancock**

Dos miembros del Congreso no firmaron la Declaración. John Dickinson, de Pennsylvania, no pensaba que las colonias debían romper su relación con Inglaterra. Robert R. Livingston, de Nueva York, opinaba que el Congreso debía esperar antes de decidir la separación de Inglaterra.

▲ **La famosa firma de John Hancock**

Protección
de la Declaración

La Declaración de Independencia está en los Archivos Nacionales, en Washington, D.C. Durante el día, los visitantes pueden ver la Declaración, que está expuesta en una vitrina especial. Dentro de la vitrina hay un gas que ayuda a proteger la Declaración. Durante la noche, la Declaración se baja a los sótanos del Archivo Nacional, donde se guarda en una bóveda acorazada.

▼ **La Declaración de Independencia está expuesta en los Archivos Nacionales, en Washington, D.C.**

Impresión
de la Declaración

El Segundo Congreso Continental sabía que la Declaración era importante. Sus miembros deseaban que todos supieran lo que decía. Por ello, decidieron imprimirla y hacer copias con una prensa. De ese modo, gente de todas las colonias podía leer lo que decía la Declaración.

▲ Las primeras copias de la Declaración de Independencia se hicieron en una prensa como ésta.

La estatua perdida

En 1934, el Congreso decidió erigir un monumento en honor a Thomas Jefferson. El monumento se encuentra en Washington, D.C. Tiene una cúpula en la parte superior, sostenida por grandes columnas.

Actualmente, hay una estatua de 19 pies de altura en el centro del monumento. Pero la estatua no siempre estuvo allí. La estatua no llegó hasta cuatro años después de la inauguración del monumento.

▲ El Monumento a Jefferson

29

En este libro se usan diferentes tipos de palabras. Aquí van a estudiar los nombres propios. También estudiarán los sustantivos.

Nombres propios

Un nombre propio es una palabra que nombra a una persona, un lugar o una cosa específicos. Los nombres propios siempre se escriben con mayúscula. Busquen los nombres propios en las oraciones de abajo.

Los colonos estaban descontentos con el **Rey Jorge III** de Inglaterra.

Thomas Jefferson fue un buen escritor.

En 1776, los colonos redactaron la **Declaración de Independencia.**

El documento se guarda en una bóveda acorazada en los **Archivos Nacionales.**

Sustantivos

Un sustantivo es una palabra que nombra a una persona, un lugar o una cosa. Busquen los sustantivos en las oraciones de abajo y úsenlos en su propia oración.

El Cuatro de Julio organizamos **barbacoas.**

Los colonos escribieron sus ideas en un **documento.**

Los colonos pelearon contra los **soldados** ingleses.

Para conseguir su libertad, los colonos americanos lucharon en una **guerra.**

En el centro del monumento a Thomas Jefferson hay una **estatua.**

La Declaración de Independencia se guarda en una **bóveda** acorazada.

Escribir sobre la Declaración de Independencia

Thomas Jefferson escribió la Declaración de Independencia. En ella incluyó una serie de acusaciones contra el rey Jorge III. Investiguen las acusaciones que le hicieron al Rey los colonos. Escriban un ensayo sobre ellas.

Investigar
Consulten libros, material de referencia o Internet.

Leer y tomar notas
A medida que vayan leyendo, tomen notas y hagan dibujos.

Escribir
Después, escriban un ensayo sobre las acusaciones de los colonos a Inglaterra.

▶ El rey Jorge III

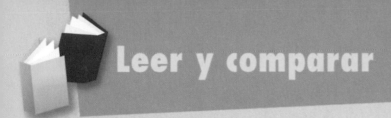

Leer y comparar

Más información sobre la Guerra de Independencia

Busquen y lean otros libros sobre las colonias de América del Norte a finales del siglo XVIII. A medida que vayan leyendo, háganse las siguientes preguntas:

- ¿Cómo era la vida de los colonos?
- ¿Creen que los colonos hicieron bien en enviar la Declaración de Independencia al rey Jorge III?
- ¿Qué cosas serían diferentes en nuestras vidas si los colonos no hubieran luchado contra Inglaterra?

Libros para leer

▲ Conozcan los diferentes motivos de la gente que iba a vivir a las 13 colonias.

▲ Conozcan las causas de la Guerra de Independencia.

▲ Conozcan algunos ejemplos de cómo la gente lucha por la libertad.

Glosario

asamblea legislativa (página 21)
Grupo de personas con capacidad para hacer leyes
La asamblea legislativa de Virginia pidió a Thomas Jefferson que redactara muchas leyes.

borrador (página 13)
Escrito inicial, que después será corregido
Un comité de cinco hombres trabajó en el primer borrador de la Declaración.

colonia (página 8)
Lugar gobernado por otra nación
En 1776, Inglaterra tenía 13 colonias en América del Norte.

colono (página 8)
Persona que vive en una colonia
Los colonos protestaron contra las leyes aprobadas en Inglaterra.

Declaración de Independencia (página 7)
Documento que anunciaba que los colonos americanos deseaban liberarse del dominio inglés
La Declaración de Independencia contribuyó a la libertad de las colonias de América del Norte.

declarar (página 4)
Decir o anunciar
Los colonos declararon su independencia el 4 de julio de 1776.

independencia (página 12)
Libertad
Los colonos querían obtener la independencia.

legislador (página 22)
Persona que ayuda a hacer las leyes
Thomas Jefferson era mejor como legislador
que como soldado.

libertad (página 14)
independencia
El Cuatro de Julio, los estadounidenses celebran
su libertad.

plantación (página 19)
Finca de gran tamaño con muchos trabajadores
Jefferson regresó a su plantación de Virginia.

protesta (página 9)
Demostración de desagrado por algo
Los colonos organizaron una protesta contra
los nuevos impuestos.

Segundo Congreso Continental (página 11)
Grupo de líderes que dirigieron la guerra
contra Inglaterra
El Segundo Congreso Continental también firmó
la Declaración de Independencia.

Índice